FRANCISCO FAUS

# O VALOR DAS DIFICULDADES

5ª edição

Conheça nossos clubes

Conheça nosso site

@editoraquadrante
@editoraquadrante
@quadranteeditora
Quadrante

**QUADRANTE**

São Paulo
2023

Copyright © 1989 Quadrante Editora

Capa
Provazi Design

**Dados Internacionais de Catalogação na Publicação (CIP)**

Faus, Francisco
O valor das dificuldades / Francisco Faus — 5ª ed. — São Paulo: Quadrante, 2023.

ISBN (Francisco Faus): 978-85-7465-568-0
ISBN (Virtudes): 978-85-7465-736-3

1. Dificuldades 2. Virtudes 3. Autoconhecimento I. Título

CDD-200.19

**Índice para catálogo sistemático:**
1. Dificuldades : Virtudes : Psicologia religiosa 200.19

Todos os direitos reservados a
**QUADRANTE EDITORA**
Rua Bernardo da Veiga, 47 - Tel.: 3873-2270
CEP 01252-020 - São Paulo - SP
www.quadrante.com.br / atendimento@quadrante.com.br

# SUMÁRIO

AS DIFICULDADES DA VIDA...................... 5

AS DIFICULDADES SUBJETIVAS .............. 19

AS DIFICULDADES OBJETIVAS................. 43

# AS DIFICULDADES DA VIDA

— Não é fácil!

— Não é mesmo!

Quem pronunciou estas últimas palavras acabava de se aproximar de um grupo de amigos. Nada ouvira da conversa mantida entre eles, a não ser apenas a última frase: «Não é fácil!»... E, no entanto, mesmo sem saber de que estavam falando, sentiu-se impelido como que instintivamente a concordar. Seja qual for o assunto, não há dúvida de que, nesta vida, nada é fácil. Por isso, quem afirma que alguma coisa «é difícil», ou que «não está fácil»..., presume-se que, independentemente da questão de que se trate, está com a razão.

«É difícil». Eis uma frase que é como uma locomotiva, à qual se pode atrelar, sem inconveniente, qualquer vagão: é difícil... viver, trabalhar, ser honesto, ser casado, ser solteiro...

Nada há na vida, ou quase nada, que brote como a suave fonte do Parnasso. Custa conseguir as coisas, custa conservá-las, custa não perdê-las, custa não estragá-las... As dificuldades misturam-se com o chão de todos os caminhos. Se elas brilhassem na noite, a estrada da vida ficaria toda pontilhada de luzes, como a longa pista de um aeroporto.

Pois bem, uma vez que se trata de uma companheira inseparável, vale a pena que nos perguntemos: será que a dificuldade é uma circunstância puramente negativa? Não terá nenhum sentido positivo, nenhum valor?

Ao longo destas páginas, procuraremos alcançar um pouco de luz para essas interrogações. Mas, mesmo antes de entrarmos em maiores aprofundamentos, já podemos adiantar uma resposta geral às perguntas anteriores. Em si mesmas, as dificuldades não são nem boas nem más. O seu valor e sentido dependem da atitude que se adotar diante delas. Isto significa também — diga-se de passagem — que os homens podem conhecer muito acerca de si mesmos simplesmente dedicando-se a observar qual é a sua atitude perante as dificuldades. É um aspecto que mais adiante também haveremos de considerar.

## Obstáculos para o nosso bem?

É fácil verificar que a palavra *dificuldade* aparece quase sempre, nos nossos pensamentos ou nas nossas conversas, de braço dado com a queixa. Falamos das dificuldades reclamando ou lamentando-nos; e a aquiescência de quem nos escuta é uma solidariedade na lamentação; é a adesão incondicional de quem também tem motivos para reclamar, porque experimenta na sua própria carne que «a vida não é fácil».

É evidente que, se nos queixamos, é porque vemos as dificuldades como um *mal*. São indesejadas e aparecem na nossa frente como pedras no meio do caminho, prontas para retardar ou complicar a consecução de algum *bem* que nós desejamos. Quase todos os bens que procuramos chocam-se com o empecilho das dificuldades: elas brotam, como plantas malignas, para atrapalhar o bom ambiente do lar («agora que as coisas iam melhorando»), para entravar o bom andamento do trabalho («isso veio justamente agora, para prejudicar a minha promoção»), para transtornar as boas expectativas de futuro...

Se quiséssemos expressar em poucas palavras o que de fato *nós* pensamos a respeito das dificuldades, provavelmente poderia servir-nos esta breve definição: «Dificuldade é aquilo que surge como obstáculo para o nosso bem».

Caso concordemos com esta definição, vale a pena que prestemos um pouco de atenção às reflexões que se seguem, porque é possível que, depois de as ponderarmos, percebamos que a maioria das dificuldades nem *surgem* de repente — como uma nuvem de verão —, nem são um verdadeiro *obstáculo*, nem atrapalham o nosso *verdadeiro bem*.

## O ideal e o bem

Comecemos pelo último ponto da definição que acabamos de transcrever. Qual é, na realidade, o nosso verdadeiro *bem*? Não há dúvida de que o conceito que temos do *bem* depende sempre do *ideal* que norteia a vida. Para um materialista, que reduz a existência à avidez dos desejos, o bem é aquilo que simplesmente o satisfaz, o que lhe dá prazer, mesmo que porventura acabe redundando num mal ou num prejuízo para os outros. O egoísta sensual, por exemplo, quer ser «feliz», e coloca o seu bem na saciedade do egoísmo carnal, ainda que para alcançá-lo tenha que deixar mulher e filhos em situação penosa.

Para o cristão, pelo contrário, o bem — a verdadeira realização de si mesmo — não é a satisfação do egoísmo, mas aquilo que a doutrina católica denomina com precisão, desde tempos muito antigos, o *bem da virtude*. O amadurecimento das virtudes, com a ajuda de Deus, é o que realiza o autêntico *bem* do homem e, por isso mesmo, faz arraigar nele uma felicidade cada vez mais profunda, cheia de paz e de plenitude interior.

Quando conseguimos adquirir esta perspectiva cristã, as dificuldades começam a encarar-se de uma maneira diferente da do egoísta. Já de início, podemos fazer uma descoberta muito interessante, que a experiência se encarregará de confirmar: a rigor, não existem dificuldades que, sozinhas, *sem a nossa cumplicidade*, possam atrapalhar o bem da virtude, isto é, possam impedir a consecução da caridade, da bondade, da paciência, da coragem, da fidelidade..., daquilo que nos faz *bons* e nos dá, por isso mesmo, a alegria.

De certa forma, poderíamos dizer que a virtude é invulnerável e, além disso, é «onívora», porque ela de tudo se alimenta e nada a prejudica, se nós não a prejudicarmos. A mesma dificuldade que arrasa o egoísta fortalece o santo. Dizia Santo Agostinho que «o mesmo fogo faz brilhar o ouro e fumegar a palha»[1]. Para aquele que cultua o conforto como finalidade de vida, uma doença inesperada e grave constitui uma adversidade destrutiva e pode até produzir um esmagamento brutal, que conduza ao desespero. Pelo contrário, para um

---

(1) *De civitate Dei*, I, 8.

homem que crê firmemente em Deus, que pauta a sua vida pelo amor a Deus e o amor ao próximo, essa mesma doença grave pode chegar a ser uma grande ajuda para o aprimoramento do seu amor, um meio de purificação, crescimento e fecundidade.

Uma dificuldade econômica pode introduzir numa família uma fumaça asfixiante, que vai penetrando nos corações, desgastando a paciência e envenenando os nervos, até transformar o convívio num inferno de apreensões, queixas e mau humor. Pelo contrário, em outra família construída sobre o alicerce da fé e do amor, a mesma dificuldade financeira pode ser o grande momento de união, em que todos aceitam o sacrifício sem um lamento, apoiando-se mutuamente e procurando tornar mais amável a vida dos outros, ao mesmo tempo que cobrem com um sorriso o seu próprio sofrimento[2].

Como se pode então dizer que as dificuldades devem ser encaradas como um *obstáculo para o bem?* Quando temos a consciência clara de que o verdadeiro bem se encontra na virtude, percebemos que a virtude só pode ser minada pela nossa infidelidade pessoal, e não pelas dificuldades. Ao contrário, estas podem nutri-la e fazê-la crescer, de modo que, em vez de aparecerem como obstáculos, se mostrem como *meios* para o autêntico bem moral.

## As dificuldades e a virtude

Começa, pois, a ficar claro que é mais do que duvidosa essa definição

---

(2) Cf. Josemaria Escrivá, *Sulco*, Quadrante, São Paulo, 2023, nn. 59 e 253.

de dificuldade que inicialmente talvez nos parecesse exata: «aquilo que surge como obstáculo para o nosso bem». Acabamos de ver que nenhuma dificuldade pode tolher o bem da virtude.

Sendo assim, deveríamos perguntar-nos, então, por que é que as dificuldades nos repugnam e nos incomodam. Talvez seja um tanto rude o que vamos ver, mas parece-nos exato: a dificuldade aborrece-nos não tanto porque obsta ao bem, mas exatamente pelo contrário, *porque o exige*; não por ser um empecilho para a virtude, mas por ser um entrave ao comodismo.

Se abrirmos bem os olhos, descobriremos que cada uma das nossas dificuldades *concretas* está a exigir a prática de alguma virtude *concreta*.

Suponhamos, por exemplo, que estamos passando por uma situação de excesso de trabalho, que nos faz sentir angustiados. O tempo de que dispomos parece insuficiente para embutir nele tudo o que é preciso fazer. Essa circunstância, essa dificuldade, está provavelmente marcando o momento em que se nos pede que pratiquemos melhor do que nunca a virtude da ordem, que aprimoremos os ritmos de trabalho e a intensidade com que aproveitamos o tempo.

O problema pode ser uma dificuldade familiar. O filho, que até agora nunca tinha causado preocupação, torna-se problemático: não quer estudar, revolta-se contra as menores indicações dos pais, e há fortes suspeitas de que a turma com que anda está envolvida em drogas... Esse problema, essa dificuldade, pode ser o sinal forte de que é preciso que os pais se deem mais ao filho, amadurecendo nas virtudes que tornam eficaz a sua ajuda: mais compreensão, mais diálogo, dedicação de tempo mais sacrificada.

Numa palavra, as dificuldades são, pois, um apelo à virtude e, portanto, à autorrealização.

# AS DIFICULDADES SUBJETIVAS

Como se depreende dos exemplos anteriormente mencionados, tínhamos em vista dificuldades objetivas, isto é, situações independentes da nossa vontade, que nos colocam perante a alternativa de sofrer um abalo ou enfrentar com coragem um maior nível de exigência moral.

Mas haveria muito que dizer, muito mesmo, sobre um outro tipo de dificuldades que nada têm de objetivas: as *dificuldades subjetivas*, que vão sendo geradas, não pelas circunstâncias ou pela má vontade alheia, mas pelo nosso próprio egoísmo, pelo comodismo ou pela falta de generosidade.

Muitas vidas tristes — cheias de lamentações — estão povoadas destas dificuldades que não têm nenhuma base real e, no entanto, tornam as pessoas infelizes. Não pensemos apenas nas dificuldades imaginárias das pessoas doentias, que preveem o negativo — «o possível de outras adversidades», diria Guimarães Rosa[1] — mesmo antes de terem começado a agir. Tais pessoas foram denominadas com justeza «vitimadas prévias», que em sua mente angustiada gemem com as dores do atropelamento antes de terem posto um pé na rua ou avistado um carro.

---

(1) João Guimarães Rosa, *Primeiras estórias*, José Olympio, Rio de Janeiro, 1962, pág. 6.

Pensemos em nós. Talvez percebamos que a maior parte das dificuldades e contratempos que sofremos *não surgem* — aqui está outra palavra duvidosa daquela definição anterior —, mas somos nós que as *fazemos surgir*.

É óbvio que, para o homem mole, qualquer exigência normal do dever — ter que trabalhar submetido a prazos, ter que dedicar-se aos filhos no fim do expediente — é uma «dificuldade». É comum as pessoas chamarem *problemas* às manifestações mais comuns dos deveres diários. Dir-se-ia que, para elas, o conceito de normalidade consiste na lei do mínimo esforço. Caberia lembrar a essas pessoas, modificando-o um pouco, o conhecido refrão: «Dize-me de que dificuldades te queixas, e dir-te-ei como és». Seria muito bom que nos déssemos conta de que, com

21

frequência, as nossas queixas e reclamações são traços que desenham o autorretrato do nosso egoísmo.

## Atitudes perante a vida

Com isto, passamos a uma ideia que apontávamos no início destas páginas, quando dizíamos que o valor e o sentido das dificuldades dependem da *atitude* que tomemos diante delas. Agora podemos perceber que a própria *existência* de dificuldades depende da atitude que adotemos diante da vida. Vale a pena que, para início de reflexão, façamos a nós mesmos uma pergunta bem direta: que é que eu procuro na vida?

A resposta da maioria de nós será, provavelmente, que na vida procuramos muitas coisas. Mas, de fato, há algumas delas que são como que a meta, o cerne, o centro último das aspirações, desejos e sonhos. Assim como uns têm como meta primordial passar os seus dias no maior conforto possível, sem complicações nem desgostos, ou têm a ambição de ser alguém ou de amealhar uma fortuna, há outros que têm o ideal de amar e serem úteis — esses são «cristãos» —, ao qual tudo subordinam e sacrificam com alegria. Pois bem, dependendo da nossa *meta*, assim serão as nossas dificuldades. E é evidente que cada meta, cada ambição egoísta, será uma usina geradora de específicas *dificuldades do egoísta*.

Para esclarecer melhor este ponto, será útil que meditemos sobre duas maneiras, muito reais, de *gerar* dificuldades subjetivas: ter uma meta errada e ter uma meta baixa. Se tivermos a infelicidade de seguir qualquer desses dois caminhos, não duvidemos de que aparecerão muitas dificuldades «inúteis».

## As metas erradas

Já dizia Santo Agostinho que, na vida, se pode «correr bem», mas «fora do caminho». *Bene curris, sed extra viam*. É o que acontece com muitos que lutam e se esforçam, correndo atrás de ideais em que não encontrarão nunca a verdadeira realização. Poderão ter «sucesso», mas será aparente. Não demorará muito a chegar a frustração.

Porém, o ângulo que agora nos importa não é o da frustração, mas o das dificuldades. Para aqueles que correm «fora do caminho» — fora do verdadeiro sentido da vida, que aponta para o bem e para Deus —, serão dificuldades (já o víamos antes) quaisquer oposições que encontrem para alcançar os objetivos do seu egoísmo. Até ousaríamos dizer que, na vida de quem optou por ideais materialistas e hedonistas, as maiores dificuldades são aquelas circunstâncias que se opõem aos seus *vícios*.

É preciso esclarecer que aqui empregamos a palavra «vício», não conforme o uso vulgar, mas no sentido clássico cristão. É provável que nos lembremos da enumeração que faz o catecismo dos *vícios capitais*: soberba, avareza, luxúria, ira, gula, inveja e preguiça.

Se nos deixarmos dominar por qualquer deles, serão muitas as dificuldades que irão enxamear. Assim, por exemplo, para o sensual dominado pela luxúria, a maior dificuldade será ter de enfrentar a proposta de um amor fiel e sacrificado, feito de generosa doação... Justamente aquilo que é o ideal amável para um coração puro e reto. O casamento, para o primeiro, não deixará de ser uma fonte de problemas e restrições, que chegará a julgar insuportáveis. É isso o que produz a falsificação do amor; é o resultado de uma *falsa meta* na vida.

Pensemos no preguiçoso. De que dificuldades se queixa? Para começar, e de modo global, queixa-se de que as coisas *custam*: custa pensar, custa trabalhar, custa cumprir o dever. Atrás de cada um dos «custa» do preguiçoso, poderíamos colocar o nome de alguma virtude, que o cristão aprende a amar: diligência, ordem, responsabilidade, abnegação... Todas elas são *metas boas* para quem está dentro do verdadeiro caminho da vida. Para o preguiçoso, são aborrecimentos e incômodos, porque se desviou para uma meta falsa: o bem-estar comodista.

Em todos estes casos de corações voltados para metas erradas, as dificuldades subjetivas, que eles mesmos criam, são reveladoras: indicam pequenez moral, carência espiritual. Para dizê-lo de maneira mais clara, indicam uma *mentira existencial*, porque o ser humano não tem como fim e razão da vida essas metas do egoísmo, mas as da grandeza moral. Só elas o realizam.

Com efeito, se os valores da existência se invertem, toda a vida fica falseada. É penoso pensar que tal falsificação possa chegar a impor-se socialmente e ser servida como critério de conduta. Talvez seja isto o que torna enfermiça a sociedade hedonista de consumo. Os valores morais, neste ambiente, desaparecem do horizonte, passam a tornar-se «incômodos» e, por isso mesmo, a ser contestados ou rejeitados. A sociedade atual mostra-nos isso a cada passo. O ambiente consumista pode ensinar-nos muito sobre as «falsas dificuldades».

## As metas baixas

Se é perigoso andar atrás de metas erradas na vida, não menos perigoso é conformar-se com *metas baixas*.

Dirijamos agora o foco para os que, possuindo um reto sentido da existência, adotam como ideal de vida os valores cristãos. Muitos aceitam-nos de fato, mas não os *assumem*. Na prática, conformam-se voluntariamente com uma interpretação aguada do Evangelho, introduzindo um elemento redutor no ideal que, teoricamente, aceitaram: viverem as virtudes cristãs, seguindo os passos de Cristo.

Poderíamos dizer que, sem nos apercebermos disso, todos tendemos a colocar nesse ideal de vida uma barreira, um *limiar* de generosidade, que não nos decidimos a ultrapassar. Na prática da virtude, estamos dispostos a chegar «até um certo ponto», mas não além. Alguma coisa por dentro nos sussurra que é melhor não exagerar, mas ser «prudente» e «comedido», e acabamos por manter uma vela acesa a Deus e outra ao diabo, conformando-nos com «fazer média».

É assim que muitos têm, na vida prática, um limiar de sacrifício — só «até aí» —, um limiar de paciência e compreensão — ir além seria «demais» —, um limiar de laboriosidade, de entrega às coisas de Deus ou de dedicação ao serviço do próximo. É como se se encerrassem dentro de umas fronteiras bem guardadas, que cuidam de não atravessar. E então qualquer exigência de virtude que for além dessa fronteira será uma *dificuldade*.

Quais são os nossos *limiares*? No mundo atual, tem-se a impressão de que muitos cristãos tendem a colocá-los em um nível cada vez mais baixo. Influenciados pelas pressões de uma sociedade de «bem-estar a todo o custo», sem ideais e sem fé, encolhem-se, abaixam a mira e refugiam-se num tipo de vivência moral acomodada, que evita qualquer estridência. O absurdo do caso é que passam a ser consideradas «estridentes» as manifestações sadias das virtudes cristãs e passa a julgar-se «exagero» aquilo que é normal.

Pensemos, por exemplo, que é *normal* uma família cristã amar os filhos e, por isso, tê-los. Não só «o casalzinho e basta», mas os filhos que, com visão e coração generosos, compreendam que Deus lhes quer confiar. Quando o limiar do amor e da generosidade é alto, os filhos costumam ser numerosos..., e as dificuldades são infinitamente menores que as que enfrenta um casal de limiar baixo, que já se considerou «heroico» — «nos dias que correm!», dizem — pondo no mundo o famoso «casalzinho» e parando depois.

Quem escreve estas linhas pode atestar — e sabe que o seu testemunho é corroborado pelo de muitos outros — que nunca viu lares tão felizes e tão «fáceis» de serem conduzidos — com bom humor, suavidade e alegria — como os lares das famílias numerosas. E pode atestar também que, pelo contrário, sempre viu eriçados de angústias e crivados de medos e apreensões os lares dos que, fazendo pouquíssimo — tendo, no máximo, dois filhos — achavam que faziam demais. O teto alto, o limiar alto, evita dificuldades: tudo se torna normal, porque o coração é grande e tudo aceita como um sacrifício e doação que considera lógicos e para os quais está preparado.

Seria muito bom que meditassem nisto muitos casais que se sentem aflitos e sobrecarregados. Gemem, choram sob o peso dos seus «problemas». Penso que, se um pai ou uma mãe que estivessem nestas circunstâncias se dirigissem a Deus pedindo-lhe consolo, talvez Ele lhes dissesse: «Não se queixe, depende de você. Todas essas dificuldades que o oprimem, é você que as está criando. Não são dificuldades, mas insuficiências do seu amor. A sua alma foi feita para voos mais altos, a sua vocação cristã chama-o para metas mais elevadas. Daí o inevitável conflito que se trava no seu interior. Só sairá dele quando se resolver de uma vez por todas a quebrar o seu «teto baixo» e a escancarar as portas da generosidade do seu coração. Então, quase todas as dificuldades que o atormentam desvanecer-se-ão como uma leve fumaça».

## A *difícil mediocridade*

Essas «dificuldades da mediocridade», todos nós as temos. Cada um de nós poderia abrir um livro-registro e cadastrá-las. Para tanto, bastaria identificar tudo aquilo que achamos «demais» e que nos move ao protesto..., e reconhecer, com justa vergonha, que o problema não é que seja *de mais*, mas que a nossa alma é *de menos*.

É demais assumir compromissos espirituais (Missa dominical custe o que custar, oração e leitura diárias do Evangelho etc.) para quem é incapaz de prescindir dos «compromissos» assumidos com a preguiça, ou com o aperitivo diário (esse, sim, compromisso fiel e perseverante), ou com a horinha intocável de exercício físico para se manter em forma.

É demais dedicar um tempo — renunciando a empregá-lo em gostos pessoais — a um amigo que esteja precisando de ajuda, a um doente ou até mesmo a um filho que exija uma atenção mais abnegada... É demais para aqueles que, pensando bem, não é que façam «de menos» pelo seu próximo, é que simplesmente não fazem *nada*...

É demais ter um terceiro filho (ou um primeiro!, ou um quarto). É uma hipótese que chega a ser encarada como uma espécie de catástrofe... Depois, vai-se ver o caso mais de perto, e não há modo de encontrar justificativa para essa restrição, nem nos problemas financeiros, nem nos de moradia, nem nos de saúde...

É demais ter de suportar os defeitos e indelicadezas dos que conosco convivem; é tão «demais», que muitos podem lembrar-se de autênticas «tragédias» provocadas por insignificâncias: uma resposta um pouco atravessada, um cumprimento frio, os cotovelos em cima da mesa... Esquecemos que, para um cristão, os dois limiares *normais* do amor ao próximo são: *Amarás o próximo como a ti mesmo* (Mt 22, 39) e *amai-vos uns aos outros como eu vos amei* (Jo 13, 34).

Para quem há de ser a enumeração das características da caridade cristã que faz São Paulo? Com certeza não é para quem jamais encontrou pessoas com defeitos, com grosserias, com esquecimentos ou com mau humor. São Paulo não escreve para anjos, mas para homens, quando dá como limiar normal da caridade o seguinte: *A caridade é paciente, a caridade é benigna; não é invejosa, não é jactanciosa, não se ensoberbece, não é descortês, não é interesseira, não se irrita, não guarda rancor; não se alegra com a injustiça, mas compraz-se na verdade; tudo desculpa, tudo crê, tudo espera, tudo sofre* (1 Cor 13, 4-7).

A pessoa que aceita como norma de vida este programa, dificilmente se queixará de dificuldades na família ou no ambiente profissional. O que para outros seriam dificuldades, para o cristão de limiar alto e sadio são ocasiões diárias de amar e de servir.

## As fronteiras do coração

Quer isto dizer, portanto, que o problema de grande parte das nossas dificuldades se reduz a um problema de ampliação das fronteiras do coração. É preciso que nos decidamos a elevar o nosso *nível de normalidade*, sem nos deixarmos dominar pelos níveis que o ambiente pretenda impor.

Neste ponto, o cristão deve ser especialmente firme e coerente. Caso contrário, facilmente se deixará arrastar pelo fluxo de um meio social onde cada vez se torna mais comum que até mesmo aquilo que é francamente «anormal» se normalize e se imponha como lei: «Hoje em dia, as coisas são assim, as coisas mudaram. O que causa estranheza — não faltará quem o diga — é que um homem, decorridos dois ou três anos, ainda esteja com a mesma mulher com quem se casou...»

O mundo parece mergulhar aceleradamente na idolatria do agradável, do fácil e do cômodo. Facilidades da técnica, que nasceram como meios de a pessoa se organizar e trabalhar melhor, de aproveitar melhor o tempo, de possuir maior informação, vão-se transformando em utensílios de amolecimento. Tende-se a amar o *fácil* por ser fácil, o *agradável* por ser agradável, sem cuidar de discernir se é o *certo* e o *bom*. O homem que se deixa dominar por esses critérios fica moralmente enfraquecido e chega a não ver sentido naquilo que *dá sentido à vida*, só porque o considera *difícil*: não vê sentido no amor-doação, na renúncia para servir, no sacrifício para ser fiel, em suma, nos valores morais que forjam a grandeza do homem. Daí a necessidade, urgente necessidade, de os cristãos alargarem as fronteiras do seu coração, para assim trazerem um sopro de vida a este mundo que parece estar perdendo a alma.

Ora, esse sopro renovador só será dado ao mundo pelos que estiverem dispostos a rever os níveis dos seus ideais e a elevar o teto da sua normalidade. Isto há de chocar, sem dúvida, no ambiente[2]. Mas, no fim das contas, será um choque de revitalização, uma sacudidela capaz de despertar do letargo aqueles que ainda podem reerguer-se e caminhar.

Esses homens e mulheres de níveis morais sadios, acima da média doentia, talvez não sejam compreendidos. Talvez precisem da coragem de começar

---

(2) Josemaria Escrivá, *Caminho*, Quadrante, São Paulo, 2023, n. 380.

a lutar sozinhos, sem sentir apoio no ambiente, nem sequer no mais próximo. Terão de ser corajosos para serem autênticos e não dobrarem o joelho ante o que «todo o mundo faz»... Por isso, deverão amar muito a Verdade, e será também preciso que se decidam a apagar do seu dicionário a palavra *dificuldade* ou, pelo menos, a mudar-lhe o sentido.

No novo dicionário dos que aceitam os limiares de Cristo, o verbete *dificuldade* será, pois, explicado assim: «Dificuldade: a maior parte das vezes, é o mal-estar gerado pelos nossos defeitos ou pela nossa mediocridade; algumas vezes, é um obstáculo objetivo que se encontra na vida, e que — tendo sido enviado ou permitido por Deus — tem como finalidade firmar-nos no bem, fazer--nos crescer espiritual e humanamente, purificar-nos e elevar a nossa alegria até uma altura até então insuspeitada».

Metade da exposição deste novo verbete já foi feita nas páginas que antecedem. Procuremos agora refletir sobre a outra metade.

# AS DIFICULDADES OBJETIVAS

Nem todas as dificuldades são subjetivas, decorrentes dos nossos defeitos pessoais. Existem dificuldades objetivas, e não somente existem como são uma permanente presença no caminho da nossa vida, em cada um dos seus passos. E é natural que seja assim.

A existência humana é dinâmica. O progresso é lei da nossa vida, porque não estamos «feitos» de uma vez por todas, mas avançamos passo a passo, ao longo dos nossos dias, rumo à nossa plenitude. Isto exige uma contínua superação, uma vez que avançar não é dar voltas ao redor do mesmo ponto, mas subir, superar-se a si mesmo e crescer. Em qualquer momento da nossa existência, sempre podemos enxergar — tanto do ponto de vista do trabalho e da cultura, como da vida espiritual e moral — mais um degrau a galgar, mais um patamar a alcançar. E é claro que ninguém consegue uma ascensão sem esforço e, em consequência, sem ter de enfrentar resistências e dificuldades.

Montanhas e serras, dificuldades, têm um valor para quem caminha. Poderiam ser barreiras — se faltasse ideal e empenho —, mas podem ser *degraus*. Lembrando-nos de São Paulo, que afirma que *todas as coisas concorrem para o bem dos que amam a Deus* (Rom 8, 28), procuremos ver como é que as dificuldades objetivas contribuem para o nosso melhoramento. Neste sentido, vamos deter-nos a considerar com um pouco de calma quatro dos principais benefícios que as dificuldades objetivas nos podem trazer.

## As dificuldades firmam-nos no bem

As dificuldades firmam-nos no bem, dão-nos *têmpera moral*.

Na vida do esportista, cada dificuldade é um «desafio». Não costuma ser assim — infelizmente — na vida moral. Basta às vezes o aparecimento de uma dificuldade um pouco maior para sentirmos a tentação de deter a marcha e olhar para trás; de desistir ou, pelo menos, de recuar.

Esta tentação nota-se especialmente quando fazemos bons propósitos de mudança. Começamos bem, animados e esperançosos: desta vez, as coisas vão melhorar. Mas lá vem logo, como um balde de água fria, uma dificuldade não esperada, pelo menos não esperada... tão cedo.

Imaginemos um pai de família que um belo dia se propõe sair do seu proverbial mutismo e ultrapassar as habituais respostas monossilábicas e secas. Tenta, mais ou menos desajeitadamente, dizer umas palavras especialmente amáveis à esposa e aos filhos. Não se sabe se pelo insólito do caso, ou porque o diabo meteu o rabo, o fato é que mulher e filhos reagem mal: «Você não se sente bem?», «Pai, o que é que deu no senhor?» Imediatamente, o pai-caramujo, ferido nas suas melhores intenções, sente o irresistível impulso de se enfiar no mais profundo da sua carapaça e dizer: nunca mais!...

É muito comum os propósitos murcharem por tropeçarmos com dificuldades. Não nos esforçamos por ser mais afáveis porque nem sempre somos bem compreendidos. Não perseveramos na oração diária porque nos distraímos com facilidade e temos a impressão de estar perdendo o tempo. Não mantemos os horários de trabalho e os planos de aproveitamento do tempo porque desanimamos com os imprevistos que os alteram. Não prosseguimos na luta por ser humildes porque não conseguimos evitar que as pontadas do amor-próprio pipoquem a cada passo.

Na realidade, cada dificuldade que surge no caminho dos nossos bons propósitos nos *põe à prova*. É um teste de sinceridade. Porque a dificuldade, incitando-nos a desistir ou a recuar, obriga-nos a tomar uma posição, a *determinar* se queremos ou não. Com efeito, cada dificuldade provoca uma certa hesitação, e por isso mesmo nos exige uma decisão. A nossa vontade deverá inclinar-se ou pelo lado do ideal moral — dos valores e das virtudes cristãs — ou pelo lado da facilidade.

Certamente a dificuldade nos abala. Mas também é como se, por assim dizer, nos obrigasse a fixar o olhar num *valor moral* superior: um valor *difícil*, mas autêntico. Tendo-o inequivocamente diante dos olhos, não temos outro jeito senão optar e dizer um «sim» ou um «não», pondo assim à prova se queremos o bem acima de tudo ou se apenas o desejamos de um modo relativo e sem compromisso. Cada dificuldade, portanto, permite uma autoavaliação da nossa qualidade moral.

Se, no exemplo do pai de família acima mencionado, o protagonista desiste dos seus bons propósitos, estará optando pelo orgulho (não estará disposto a sofrer uma pequena humilhação pelo *bem*); pelo contrário, se persevera no esforço, optará pelos valores cristãos da humildade e do amor; e, na medida em que prosseguir na luta por melhorar a sua caridade, por abrir um espaço novo ao amor na rispidez do seu caráter, estará firmando em si uma *nova e mais alta qualidade moral*, crescerá em estatura espiritual e se tornará, no sentido mais profundo e verdadeiro do termo, um homem *melhor*.

Quando sentimos, portanto, o desânimo que, perante uma dificuldade, nos impele a pensar que «não dá», devemos convencer-nos de que a verdade se encontra na posição contrária: *somente assim é que dá*. Isto é, somente enfrentando e superando uma dificuldade colocada no caminho da virtude é que a mesma virtude se consolida e se torna forte.

### AS TENTAÇÕES NOS EXPERIMENTAM

Este é também o sentido das tentações que nos assaltam. Pelo menos, é um dos seus principais significados positivos, dentro dos planos de Deus.

Entendemos por tentação tudo aquilo que, vindo de dentro ou de fora de nós, nos incita à prática — por pensamentos, palavras, ações ou omissões — de um mal moral, de um pecado.

Mas a circunstância de a tentação nos inclinar para o mal não significa que ela — quer proceda dos nossos desejos desordenados, quer dos outros, quer do tentador — seja algo negativo aos olhos de Deus. Se prestarmos atenção ao texto do *Pai Nosso*, perceberemos que, nesta oração, Cristo nos ensina a pedir de modo absoluto: «livrai-nos do mal». Mas não ensina o mesmo em relação às tentações. Não nos faz pedir a Deus Pai que as elimine da nossa vida, mas que não nos «deixe cair» nelas. Parte da base de que as tentações hão de existir, e de que o que importa é que Deus nos ajude a vencê-las. Isto porque a tentação, que é uma dificuldade na prática da virtude, pode ser-nos muito útil — como acontece com as outras dificuldades — para firmar-nos no bem. É um «benefício» que a própria palavra tentação sugere, pois a sua tradução mais exata seria «prova»: uma prova, um teste da virtude. É neste sentido que São Tiago diz, cheio de otimismo: *Feliz o homem que suporta a tentação. Porque depois que tiver sido provado, receberá a coroa da vida, que Deus promete aos que o amam* (Tg 1, 12).

A tentação prova-nos como o fogo prova o ouro, escreve São Pedro (1 Pe 1, 7). É a mesma ideia que se encontra no Livro da Sabedoria: falando dos justos que tiveram de enfrentar sofrimentos e provações, afirma que *Deus os provou e os achou dignos de Si. Ele os provou como ouro na fornalha, e os acolheu como holocausto* (Sb 3, 5-6).

As nossas virtudes estão sendo testadas constantemente. Todos os dias encontramos incentivos para agir mal: para perder a paciência, para abandonar um dever, para nos ferirmos uns aos outros com palavras ou atitudes, para nos deixarmos arrastar pela sensualidade e pelas desordens do coração...

Aqueles que se esforçam por viver uma vida cristã digna, lamentam-se com frequência desta presença constante das tentações, que parecem desbaratar os melhores propósitos. Pensam: «Estas tentações só me atrapalham e me perturbam». Deus, com certeza, pensa de outra forma. Bem sabe Ele a finalidade por que permite as tentações: não para que nos impeçam a prática do bem, mas para que, testando-nos, nos incentivem a praticá-lo com mais força e com maior autenticidade, nos movam a tornar mais puro — mais decidido e consciente — o ouro das virtudes.

Se na vida tudo discorresse suavemente, sem que nada nos incentivasse a praticar o mal, seria muito fácil acomodarmo-nos numa bondade *inercial*, e imaginar que estávamos caminhando bem, quando na realidade talvez nos estivéssemos afogando insensivelmente na rotina. Não fosse a tentação —

a prova — que vem despertar-nos do sono, seria fácil entregarmo-nos à sonolência e até mesmo à morte espiritual, da mesma maneira que se entrega à morte física, sem o perceber, aquele que à noite aspira dormindo as emanações de um escapamento de gás. A tentação sacode, desperta, obriga-nos a lutar e, com a graça de Deus, a vencer.

### VIRTUDES E SENTIMENTOS

Uma das grandes vantagens das provas por que passamos é o fato de que elas nos libertam dos enganos da *bondade sentimental*. As virtudes não consistem em sentimentos, e menos ainda em sentimentalismos, mas em bons hábitos *práticos*, que devem ser vividos em todas as circunstâncias, favoráveis ou adversas. «Sentir-se bom», experimentar o gosto pelos bons sentimentos de amor e

de bondade, não quer dizer «ser bom».
A bondade mede-se, não o esqueçamos,
pela prática de *atos* de virtude, especialmente dos atos de virtude *difíceis*.

Não pode ser considerada paciente
uma mulher que sente os seus nervos
calmos e inalterados durante umas se-
manas em que, por qualquer motivo,
ninguém a perturba. Será paciente se
souber manter-se serena e equilibrada
no meio de uma chuva de contrariedades: falta de dinheiro, os filhos que se
tornaram impossíveis, o marido que
acaba de perder o emprego e, coinci-
dentemente, o preço da cesta básica que
subiu... «Existem alguns — dizia São
Gregório Magno, já no século VII — que
querem ser humildes, mas sem serem
desprezados; querem contentar-se com
o que têm, mas sem padecer necessidade; ser castos, porém sem mortificar o

corpo; ser pacientes, mas sem que ninguém os injurie. Quando querem adquirir as virtudes, fugindo ao esforço que as virtudes trazem consigo, é como se, ignorando e nada querendo saber dos combates no campo de batalha, quisessem ganhar a guerra vivendo comodamente na cidade»[1].

Um sentimento não provado pode ser falso; e tem o perigo de induzir-nos à vaidosa autocomplacência de quem pensa: «Como sou bom!», e se deixa invadir pelas emanações do orgulho, como um perfume enganoso destampado no coração.

A tentação, portanto, é boa. Em certo sentido, é até necessária. Santo Agostinho chega a dizer que «nesta peregrinação em

---

[1] *Moralia*, 4, 28, 34; cf. *Enchiridium asceticum*, 4ª ed., Friburgo, 1936, pág. 577.

que consiste agora a nossa vida, não pode deixar de haver tentações, porque o nosso melhoramento realiza-se através da tentação. Ninguém se conhece a si mesmo se não for tentado; ninguém pode ser coroado se não tiver vencido; não pode vencer se não tiver lutado; e não pode lutar a não ser tendo tido tentações e inimigo»[2].

### CONHECIMENTO PRÓPRIO

O teste das provações é ainda importante para o conhecimento próprio. Santo Agostinho, que possuía uma vasta experiência pessoal nesta matéria, tem toda a razão ao dizer que «ninguém se conhece a si mesmo se não for tentado».

Aí temos, por exemplo, o caso de uma professora que sempre se julgou aberta e compreensiva, inclinada a

---

(2) *Ennarrationes in Psalmos*, LX, n. 3.

relevar as faltas de alunos e colegas. Costumava dizer: «Todos somos humanos, todos temos defeitos, é preciso saber desculpar a todos». E de fato, tinha uma afabilidade proverbial. Até que um belo dia começou a perceber alguma coisa estranha na escola: não mais a convocavam para reuniões de estudo e planejamento; alegando desculpas, tiraram-lhe uma das classes; percebia cochichos na sala de professores, que se calavam mal ela aparecia no local... Pouco demorou a perceber a manobra. Estavam armando uma intriga para «encostá-la» e colocar outra em seu lugar. A «panelinha dominante» tirava--lhe o tapete de sob os pés.

Começou a sentir que lhe faltava o ar. Uma onda quente subia-lhe à cabeça e se transformava num redemoínho, em que giravam vertiginosamente sentimentos de ódio, de vingança, de amargo ressentimento. Surpreendia-se maquinando revides. Deixou passar alguns dias, tentou acalmar-se, rezou. E então percebeu que, no momento da prova, a sua compreensão se lhe revelava mais fraca do que imaginara: sentia-se como que incapaz de viver, na hora da verdade, o que sempre apregoara. E assim, a tentação do ódio e do rancor fê-la cair em si. Teve que enfrentá-la. Restava-lhe um caminho muito difícil. Sem dúvida, teria que defender a sua causa, que era justa, com os meios lícitos ao seu alcance, mas sem admitir que o ódio, a inimizade ou o espírito de vingança se apossassem do seu coração.

Se, no caso hipotético da professora, esta — com a ajuda de Deus — vencesse, ter-se-ia transformado finalmente, graças a essa prova, que lhe abriu os olhos para conhecer-se, numa mulher realmente boa e compreensiva, alguém que, sem abdicar da justiça, seria capaz de perdoar.

Nas palavras acima citadas, Santo Agostinho agradece ainda ao «inimigo» o favor que nos presta permitindo-nos a vitória. É um pensamento que faz lembrar o que escreve Saint-Exupéry, em *Cidadela*: «Só existimos na medida em que temos um inimigo»[3]. Em certo sentido, estas palavras encerram uma grande verdade. Moralmente falando, só «existimos» na medida em que lutamos contra os fortes «puxões» do inimigo da virtude. E é esta, a virtude, que, fazendo força em sentido contrário a esses puxões — quer sejam os da inveja, os do

---

(3) Antoine de Saint-Exupéry, *Cidadela*, Quadrante, São Paulo, 1966, pág. 294.

amor-próprio ferido, os do comodismo, os da sensualidade... —, se robustece e se afirma.

Em suma, podemos afirmar que um dos benefícios das provas é revelar-nos a fraqueza das nossas virtudes. Com isto, as provas ajudam-nos a fazer uma coisa que nos é muito necessária: colocar a luta pelo aprimoramento moral lá onde é realmente necessária.

«Encontramos às vezes — diz von Hildebrand — certos homens animados de grandes desejos de se aperfeiçoarem, mas que fazem incidir a sua atenção sobre faltas puramente imaginárias, deixando subsistir descuidadamente os seus verdadeiros defeitos (...). Quanta boa vontade malbaratada, quantas energias perdidas, quanto tempo desperdiçado, se nos entretivermos a lutar contra moinhos de vento, procurando as nossas faltas onde elas não estão! Muitos julgam descobrir os principais perigos onde nada os ameaça, e passam por alto os verdadeiros riscos. Devemos pedir e agradecer a Deus a graça de nos abrir os olhos para os perigos verdadeiros, indicando-nos onde devemos enrijecer a luta»[4].

A tentação e a prova são umas excelentes «abridoras de olhos».

## As dificuldades fazem-nos crescer

Estas reflexões levam-nos, quase que espontaneamente, a um segundo benefício das dificuldades objetivas: elas nos fazem *crescer*. Pelo que foi dito antes, esta conclusão quase que se impõe por

---

(4) *A nossa transformação em Cristo*, Aster, Lisboa, 1960, págs. 36 e 40.

si, mas não é supérfluo analisá-la um pouco mais de perto.

É um fato evidente que não cresce aquele que fica detido num ritmo espiritual de simples *manutenção* das suas virtudes e qualidades. Não são poucos os homens parados que — como o equilibrista — se mantêm na corda bamba de uma «certa bondade», mas não avançam um só passo. Os anos vão passando, eles continuam a ser bons, mas estão sempre na mesma. Na mesma aparentemente, porque a alma nunca pode «ficar na mesma». Há um velho adágio cristão, cheio de sabedoria e experiência, que afirma que, na vida espiritual, «não avançar é retroceder».

Todos conhecemos casos surpreendentes de retrocessos. Trata-se de pessoas que, tendo oferecido durante longo tempo uma imagem de honestidade e bondade, de repente nos chocam com uma virada completamente inesperada. Um pai que, sem motivo aparente, larga a família; um profissional íntegro que um dia amanhece incrivelmente envolvido num desfalque; uma pessoa religiosa, católica praticante e atuante, que subitamente mergulha numa crise e abandona a fé...

Nestes casos, tudo parece indicar que houve um afundamento repentino e inexplicável. Mas a experiência da vida nos diz que, na maior parte das vezes, não foi assim. O que aconteceu foi que essas pessoas se conformaram com um espírito de «simples manutenção», com ir levando as coisas sem um impulso de crescimento. Já fazia anos, talvez, que se arrastavam numa rotina sem vida, e essa rotina — como água fina que penetra pelas rachaduras de uma casa — foi desgastando a bondade e esvaziando as virtudes. Tal como na vida do corpo, a falta de renovação trouxe a necrose.

Este processo de deterioração provocado pela rotina observa-se, com muita frequência, na gênese de boa parte dos problemas familiares. Podemos pensar numa família estável, bem constituída, em que pais e filhos se mantêm unidos pelos laços do carinho. É claro que, por melhor que seja o ambiente familiar, não faltam as dificuldades. Talvez sejam apenas as corriqueiras, mas, por serem muitas vezes repetidas, podem ir empanando insensivelmente o afeto, recobrindo de ferrugem invisível as boas vontades e as boas disposições. Então, à medida que o tempo passa, os atritos podem tornar-se mais frequentes, a impaciência — provocada por minúcias insignificantes — mais áspera e repetida, e o mau humor ir ganhando terreno no relacionamento familiar. Certamente, não deixará de haver momentos em que os defeitos de um ou de outro se acentuem, e então a irritação poderá tornar-se explosiva. Bem sabemos como uma reação brusca — um comentário ríspido, um surto de ira, uma crítica ferina — costuma provocar outra reação mais brusca ainda, e assim acaba-se dando origem a uma reação em cadeia de mágoas, acusações, decepções e desentendimentos capaz de desandar para um desfecho catastrófico.

## A RECUSA DE CRESCER

Caso nos perguntemos o que houve num processo deste tipo, possivelmente a primeira resposta que nos venha ao pensamento seja: houve dificuldades, uma chuva de pequenas dificuldades, uma poeira desgastante e insuportável de dificuldades.

No entanto, a resposta verdadeira é outra. O que houve foi uma recusa do dever moral de crescer. Na realidade, cada pequena dificuldade estava pedindo *um pouco mais*: um pouco mais de paciência, um pouco mais de generosidade, um pouco mais de abnegação e esquecimento próprio, um pouco mais de humildade... Cada dificuldade era um apelo para se crescer em algum aspecto de uma virtude, mas o coração estava acomodado e não foi capaz de dar esse algo mais.

Cada dificuldade, grande ou pequena, indica, por assim dizer, o tipo de crescimento espiritual que Deus espera de nós. Quando lutamos por superá-la, isto é, por estar à altura daquilo que a dificuldade nos exige — esse «pouco mais» de que falamos —, estamos dando um passo à frente e subimos até um nível de maturidade adequado que nos deixa em condições não só de evitar o desgaste, mas de nos tornarmos melhores.

Cristão normal — aquele que tem energias para viver moralmente bem — é aquele que consegue dar, ajudado por Deus, a resposta certa, com um novo ato de virtude, a cada nova situação que aparece: resposta de fé, ou de amor, ou de fortaleza, ou de sacrifício.

Se, em vez disso, permanece na manutenção rotineira dos seus hábitos, recusando-se a dar mais de si quando as circunstâncias lhe pedem maior virtude, ficará como que achatado e sem forças. Irá ficando «por baixo» dessas circunstâncias, moralmente defasado e, por isso mesmo, incapaz de dar uma resposta à altura do que é preciso. É natural que acabe sucumbindo. Aqui se encontra, em resumo, a explicação de muitos inexplicáveis.

### DUAS FRAQUEZAS

É importante que nos apercebamos de que existem no homem duas espécies de fraqueza, muito diferentes entre si: uma é a fraqueza natural — que poderíamos chamar sadia —, e que é própria das limitações de todo o ser humano (a fraqueza que também os santos experimentam); e outra é a fraqueza doentia, que resulta da apatia moral, da falta de ideais ou de luta por alcançá-los. Esta fraqueza doentia é a que deixa o homem desarmado perante os valores morais. As mesmas dificuldades que para o homem moralmente sadio são corriqueiras, que não passam de pequenas lutas diárias que se aceitam com naturalidade, para o doentio são intoleráveis, da mesma forma que o alimento são é insuportável para o estômago enfermo.

Estamos repetindo, ao longo destas páginas, que o valor das dificuldades depende da atitude que adotemos diante delas. A atitude certa, no caso, é a de aceitá-las sem protesto nem surpresa, como um incentivo e um belo desafio. «Cresce perante os obstáculos», diz *Caminho*[5]. Esta pequena frase resume tudo o que agora procuramos comentar. É preciso não só contar com as dificuldades, mas aceitá-las de bom grado e até amá-las, uma vez que elas nos ajudam a construir, degrau a degrau, a escada que nos eleva até à maturidade moral.

---

(5) Josemaria Escrivá, *Caminho*, n. 12.

Esta é a atitude do esportista, do pesquisador, do homem que se lança a uma nova iniciativa profissional. Ao começar a sua tarefa, está num ponto de partida e sabe que tem diante de si, a aguardá-lo, inúmeras dificuldades. Desde o início, tem consciência de que não se está propondo coisas fáceis e sem valor. Não está a fazer exercícios de repouso na rede. Está começando a lutar, tem um objetivo grande e empolgante — vencer um torneio, fazer uma descoberta científica, arrancar do nada um empreendimento —, e com gosto arregaça as mangas. Se há dificuldades, e necessariamente tem que havê-las, elas serão um estímulo diário, um motivo de criatividade e de melhor desempenho. Tudo isto, que é tão evidente nos ideais puramente humanos, às vezes parece obscurecer-se quando se trata do maior ideal, da maior grandeza do homem: a sua autêntica realização que — como víamos — é a realização espiritual e moral, a perfeição do homem enquanto homem e filho de Deus.

Quem tem grandeza moral nem sequer espera pelas dificuldades. Adianta-se e vai ao encontro delas. É a grandeza moral que o faz propor-se metas espiritualmente altas e árduas, recusando como verdadeira morte a instalação medíocre numa bondade morna.

Deste modo, o homem que se propôs a meta alta de viver o amor a sério, vai alentando no seu íntimo o desejo eficaz de se entregar cada dia mais a Deus e aos homens. Tudo o que faz lhe parece pouco. No fundo da alma, ecoa-lhe como uma música empolgante a palavra «mais». Movido por esse afã, procura motivos e ocasiões de sacrificar-se, de renunciar a pequenos egoísmos, de servir e alegrar a vida dos outros. E então, quando se lhe apresentam as dificuldades, elas o encontram já a caminho da doação: são como o bastão que o atleta apanha com força, já em tensão de velocidade, na corrida de revezamento. O homem generoso não é surpreendido pelos obstáculos, pois não estaciona na bondade fácil, mas está em carreira acelerada para a bondade difícil.

## A BONDADE DIFÍCIL

Seria muito interessante que cada um de nós se perguntasse qual é a sua *bondade difícil*. Com um pouco de sinceridade, não demoraríamos a descobri--la. Para uns, é a abnegação, para outros a compreensão, para outros a intensidade e perfeição no trabalho, para outros a serena paciência... Para cada um, aquelas virtudes que, nos maus momentos, nos sentimos inclinados a julgar como impossíveis: «Eu não fui feito para isto, isto comigo não dá, nunca vou conseguir».

Pois bem, essas *bondades difíceis* devem ser exatamente as nossas metas, voluntariamente abraçadas, no esforço de aperfeiçoamento moral. É nesses «obstáculos» que devemos «crescer».

Triste coisa seria que nos contentássemos com as virtudes que brotam espontaneamente do nosso temperamento e dos nossos hábitos. Ficaríamos fadados ao raquitismo espiritual e nos fecharíamos numa mediocridade cristalizada e sem remédio. O «homem de manutenção», de que falávamos, não tem propriamente virtudes firmes, tem antes o que poderíamos chamar «os defeitos das virtudes», isto é, as manifestações desfibradas de algumas qualidades excessivamente atreladas ao seu modo de ser — tranquilo, bonachão, ordeiro —, ou às suas manias — «gosto» de fazer isto ou aquilo —, ou aos seus hábitos inerciais. As virtudes boas são mesmo as difíceis. A estas é que o homem digno deste nome deve aspirar.

Depois de se propor essa meta, virá uma segunda parte. Como atingi-la? O que equivale a perguntar-se como enfrentar o lado difícil da bondade e crescer nele. Quando se «quer», sempre existe um «como». Os que nunca concretizam os modos práticos de melhorar são os que aspiram aos seus ideais sem sinceridade. Por serem incapazes de dizer «quero», dizem apenas «quereria», mas nem eles nem ninguém sabe como é que vão querer.

Sempre há algum modo de fincar o dente numa aspiração difícil. Sempre há pelo menos um modo de começar. «Concretiza — lê-se em *Caminho* —. Que os teus propósitos não sejam fogos de artifício, que brilham um instante para deixar, como realidade amarga, uma vareta de foguete, negra e inútil, que se joga fora com desprezo»[6].

É claro que, para isto, é preciso saber dar o primeiro passo rumo à meta que nos propomos, e não arredar pé depois, mesmo que custe e custe muito. Com espírito esportivo, devemos tentar uma vez e outra, tendo a coragem e a humildade de «começar e recomeçar»[7], e tendo ao mesmo tempo a fortaleza de ser pacientes conosco próprios,

---

(6) *Idem*, n. 247.

(7) *Idem*, n. 292.

porque a ascensão da montanha da grandeza moral é sempre lenta. Como numa construção, «para edificar é preciso sofrer (...). As mãos dos pedreiros ferem-se na aspereza da argamassa e, por muito manejarem a colher, tornam-se calosas e as suas unhas descuidadas. A pedra é resistente e pesada. Só obedece à força de marteladas. É teimosa e cheia de arestas pontiagudas e cortantes... Não seria possível construir sem martelo e sem ruído, sem violência nem golpes, por meio de um simples desejo? Todos os que têm medo da realidade esbanjaram assim o seu tempo em fantasias. Meu Deus, fazei-me amar o trabalho rude»[8].

---

(8) Pierre Charles, *A oração de toda a hora*, Flamboyant, São Paulo, 1962, pág. 255.

## As dificuldades purificam-nos

Eis o terceiro benefício que as dificuldades nos proporcionam, quando sabemos enfrentá-las com grandeza de espírito.

Não creio que nenhum de nós tenha a pretensão de ser «puro». Por pouco que nos conheçamos, temos a consciência de que mesmo as nossas melhores qualidades andam misturadas com «impurezas», isto é, com deficiências, imperfeições e defeitos. Dentro dos nossos ideais mais elevados, não raro se encontram laivos de vaidade ou ambição. O próprio afeto que dedicamos aos outros apresenta ainda «rebarbas» de egoísmo. E até a nossa vida religiosa não deixa de estar sombreada por interesses menos puros: desejamos amar a Deus, mas ainda o procuramos demais como «instrumento» do nosso bem-estar interior; não o amamos por Ele, com puro amor.

###### A LUTA QUE PURIFICA

É claro, por isso, que as nossas «melhores qualidades», quando nos esforçamos por exercitá-las, deparam com dificuldades. Neste caso, as dificuldades podem ter o efeito benéfico de um choque que, ao fazer saltar a faísca, ilumina um ponto de escória que se achava escondido no meio do ouro: evidenciam uma impureza de que não tínhamos consciência, e com isso nos abrem o caminho para começar a eliminá-la da nossa vida.

Lembro-me de certa pessoa que, à semelhança de um dos casos anteriormente citados, desejava ardentemente espalhar à sua volta, entre os que com ela conviviam, uma maior bondade e alegria. Para tanto, começou por fazer o propósito de dar a todas as suas palavras e conversas um tom positivo: não criticar, não contradizer futilmente o que os outros dissessem, não externar opiniões pessimistas. Pôs mãos à obra com a maior boa vontade... e comprovou, com certo desapontamento, que tudo continuava praticamente na mesma. Seu desejo de fazer o bem chocava-se com a dificuldade da incompreensão, da falta de receptividade por parte dos outros. Pôs-se a refletir sobre o aparente enigma desse fracasso. Deu-se a faísca e a luz: pela primeira vez na vida, percebeu que — com a melhor das intenções — falava demais. Tentava eliminar comentários negativos, mas não tinha atinado com a necessidade de limpar a sua tendência pouco pura de inundar os outros com uma torrente de palavras e de falar demais de si mesma. O «choque» levou-a à atitude humilde de escutar mais e falar menos, de não pensar tanto em amar os outros «à moda dela», mas em amá-los «à moda deles», quer dizer, tendo muito mais presente o que cada um deles precisava. A dificuldade trouxe-lhe uma maior pureza, e o seu desejo de espalhar alegria tornou-se mais eficaz.

Mencionávamos acima que até a vida religiosa — a nossa relação com Deus — pode estar tingida de interesse. É uma «impureza» que dificilmente perceberá quem não leve as coisas de Deus a sério. Basta, porém, que nos empenhemos em melhorar o nosso trato com Deus para que comecemos a tropeçar com dificuldades até então não experimentadas. Por exemplo, a aridez ou a facilidade com que nos distraímos nas orações, que agora desejaríamos tornar mais intensas e constantes. Essas «novas» dificuldades poderão ser-nos de uma grande utilidade. Inicialmente, talvez nos desanimem. Se persistirmos em nossos bons desejos, virá a faísca e se fará a luz: perceberemos que procurávamos a Deus «para nós», amávamos a oração porque nos envolvia em paz e tranquilidade, e a prática religiosa porque nos cumulava de gosto. A dificuldade da aridez poderá abrir-nos os olhos e levar-nos a compreender que nada há de mais belo do que manter-se fiel às práticas religiosas — com gosto ou sem gosto — para «agradar a Deus». E assim poderemos limpar a nossa vida religiosa da «impureza» do egoísmo espiritual.

### Deus intervém

Há, porém, um outro caminho — melhor que o que acabamos de mencionar — para conseguirmos a purificação progressiva daquelas virtudes que em nossa vida já são «boas»: as contrariedades que fazem sofrer.

Não é nossa intenção, nestas páginas, abordar o tema do sentido cristão do sofrimento. Por isso, limitamo-nos aqui a focalizar as contrariedades cotidianas, entendendo por «contrariedade» o pequeno acontecimento desagradável que sobrevém sem que nós tenhamos responsabilidade ou influência sobre ele: desde o osso do pé trincado ao escorregarmos na escada até uma chuva torrencial que intercepta o trânsito ou a desagradável descoberta de que nos foi furtada, no ônibus, a carteira com todos os documentos.

Em si, acontecimentos deste tipo parecem sem sentido nenhum. Quando muito, atrapalhações um tanto absurdas, que devemos aceitar — que remédio! —

sem deixar que os nossos nervos fiquem excessivamente abalados. Podemos reagir dizendo: «Paciência, são contrariedades inevitáveis, temos que aprender a conviver com elas».

Se realmente tivéssemos fé, iríamos além. Não vamos dizer que essas contrariedades tenham sido sempre «enviadas» diretamente por Deus. Mas devemos pensar que nelas está, sim, a mão de Deus. Se Deus não as enviou — e certamente Ele não queria um pecado, como o furto no ônibus —, Ele as «permitiu». Não teria deixado que acontecessem se, na sua sabedoria infinita, não visse que nos podiam trazer um bem.

Mais de uma doença grave foi o começo de uma conversão. Em ponto pequeno, cada contrariedade pode ser ocasião de uma *pequena conversão*. Acabar sorrindo após um furto, ao pensar nos reais perdidos e na burocracia que nos espera para reaver os documentos, é um ato de liberdade e desprendimento que engrandece a alma. Encarar com bom humor o gesso no pé, com a perspectiva de ficar quarenta dias sem poder jogar futebol nos fins de semana, é algo que também nos pode purificar, ajudando-nos a abraçar com paz este pequeno sacrifício e a entender que há na vida coisas boas — por exemplo, o futebol — que não são realmente «essenciais» e das quais não depende a nossa autêntica felicidade. Um repouso de gesso e muleta pode contribuir para que agradeçamos melhor a Deus os verdadeiros bens — os espirituais —, que nenhuma escorregadela na escada nos pode arrebatar. É mais puro quem compreende isso e se volta com mais interesse para esses bens *que a traça não*

*consome nem o ladrão desenterra e rouba*
(cf. Mt 6, 20).

É claro que Deus, na sua sabedoria e no seu amor, pode ir mais longe, permitindo contrariedades de maior vulto. Seja como for, não esqueçamos que todas elas têm — nos planos dEle — uma finalidade positiva. Podemos não entendê-las, mas devemos estar certos de que «nos convêm». «Não te queixes, se sofres — lemos em *Sulco* —. Lapida-se a pedra que se estima, que tem valor. — Dói-te? — Deixa-te lapidar, com agradecimento, porque Deus te tomou nas suas mãos como um diamante... Não se trabalha assim um pedregulho vulgar»[9].

Quando se entende isto, a alma enche-se de confiança. Cada contrariedade, passado o desconcerto inicial, mostra por

---

(9) Josemaria Escrivá, *Sulco*, n. 235.

transparência um sorriso de Deus, que parece dizer-nos: «É isto o que te convém. Eu te estou tratando como um pai trata o seu filho».

## As dificuldades, mestras de esperança

Resta-nos considerar brevemente, por último, um quarto benefício das dificuldades, que não é certamente o menor.

É bem verdade que as dificuldades — como víamos — são um bom desafio, que nos convida a ultrapassar os nossos «limites», mas também é certo que são com frequência uma comprovação evidente das nossas «limitações».

Nem todas as dificuldades são facilmente superáveis, mesmo havendo a melhor das boas vontades. É perfeitamente plausível imaginar um leitor que, após ter tentado sinceramente praticar os conselhos que se recolhem nas páginas anteriores, venha de asa caída dizer: — Esforcei-me, procurei encarar as dificuldades com espírito esportivo, mas não estou conseguindo senão sucessos muito parciais. O ideal das virtudes cristãs é uma montanha, e falta-me fôlego para galgar a encosta.

Talvez pareça estranho, mas não hesitaria em dizer que essa experiência das «limitações» e «fracassos» é altamente positiva. Sem ela, todas as ideias anteriores ficariam incompletas e, em boa parte, desvirtuadas.

Vamos ver por quê. Talvez o pior dos enganos em que possa incorrer um cristão seja imaginar que a sua realização espiritual e moral deve ser obtida exclusivamente «fazendo força», como resultado do empenho da sua inteligência e da sua vontade.

Há um paradoxo da vida cristã que, utilizando uma frase já proverbial, se poderia resumir desta maneira: devemos esforçar-nos como se tudo dependesse de nós, e devemos ao mesmo tempo rezar convencidos de que tudo depende de Deus.

Cristo, que nos incentiva constantemente a dar o melhor de nós mesmos, que nos diz que devemos conquistar o Reino de Deus *à viva força* (Mt 11, 12), também nos diz, sem contradizer-se: *Sem mim, nada podeis fazer* (Jo 15, 5).

A bondade, a perfeição cristã, consiste em *corresponder* generosamente à graça de Deus. Deus é o artista, o artífice do nosso aperfeiçoamento. Nós somos os seus colaboradores: *ajudantes de Deus*, diz São Paulo (1 Cor 3, 9).

Certamente, devemos empregar-nos a fundo e com o mais sincero empenho por melhorar. Mas esse esforço pode ser comparado à mão que um alpinista, em equilíbrio precário numa rocha escarpada, e esticando ao máximo os seus músculos, estende para o chefe da expedição que, numa posição mais alta e mais firme, o guindará até o novo patamar.

Esta comparação, como todas as imagens, é insuficiente para expressar o jogo em que se unem a graça de Deus e os nossos esforços, mas reflete de algum modo a verdade. Tudo o que nós fazemos é levantar a nossa mão, mas quem nos eleva até à meta é a mão — a graça — de Deus, se sabemos agarrar-nos firmemente a ela[10].

---

(10) Cf. Josemaria Escrivá, *É Cristo que passa*, 4ª ed., Quadrante, São Paulo, 2014, n. 21.

Só com a nossa «força», nada podemos fazer. Neste sentido, as dificuldades que experimentamos na nossa ascensão espiritual evidenciam que, por nós mesmos, sozinhos, não somos «capazes». Mas essa consideração não é um convite ao desânimo, não é uma simples verificação da nossa pequenez. Pelo contrário, é como uma janela aberta para a esperança: sozinho, não posso, mas, com Deus, posso tudo. *Tudo posso nAquele que me dá forças* (Fl 4, 13), essa era a conclusão de São Paulo, quando se sentia incapaz de vencer as suas dificuldades (cf. 2 Cor 12, 7-10).

Costuma-se dizer que a esperança é a virtude do caminhante. É muito significativo que não se diga que é a experiência. Esta poderia levar-nos ao desalento e, portanto, a fazer com que deixássemos de ser «caminhantes». Fracasso, insuficiência, falhas: isto é o que a experiência nos mostra a cada passo. A esperança fala uma outra linguagem: diz-nos que, apesar de todas as nossas limitações e fracassos, podemos contar sempre com a bondade e o poder infinito de Deus, que Ele coloca amorosamente à nossa disposição, desde que o procuremos com confiança. «Todos devem colocar uma esperança bem firme no auxílio de Deus porque, assim como Ele começou em nós o bom trabalho, assim também o tornará perfeito e o levará a bom termo, a não ser que não se coopere com a sua graça»[11].

Sempre que nos sintamos, portanto, encurralados, «limitados» pelo peso

---

(11) Concílio de Trento, Sessão VI, cap. XIII, cit. em Denzinger, *Enchiridion symbolorum*, Friburgo, 1955, n. 806.

das dificuldades, procuremos — sem desistir do esforço — apegar-nos mais a Deus, agarrando firmemente a sua «mão» mediante a oração e os Sacramentos. Não demoraremos a experimentar que — com a força poderosa da esperança — nós também poderemos dizer o que afirmava, cheio de otimismo, o Apóstolo São Paulo: *De todas estas coisas* — dificuldades sem conta — *saímos mais que vencedores por Aquele que nos amou... Se Deus é por nós, quem será contra nós?* (Rom 8, 37 e 31).

E é assim que as próprias dificuldades se tornarão trampolim, mais uma vez, para saltar mais alto. Desta vez, serão o trampolim de Deus.

Em suma — e para concluir estas reflexões —, é pelo caminho das dificuldades que o cristão avança até a meta da sua realização. Paradoxalmente, as dificuldades, que aparecem na vida com o rosto do inimigo, quando encaradas com espírito cristão revelam-se excelentes amigas, que nos prestam inestimáveis serviços. De modo que, se entendermos as coisas com a perspectiva da fé, haveremos de terminar dizendo: «Obrigado, meu Deus, pelas dificuldades que tanto me ajudam».

*Direção geral*
Renata Ferlin Sugai

*Direção de aquisição*
Hugo Langone

*Produção editorial*
Sandro Gomes
Juliana Amato
Gabriela Haeitmann
Ronaldo Vasconcelos
Roberto Martins

*Capa*
Provazi Design

*Diagramação*
Sérgio Ramalho

ESTE LIVRO ACABOU DE SE IMPRIMIR
A 25 DE FEVEREIRO DE 2025,
EM PAPEL OFFSET 90 g/m².